八事山仏教シリーズ3

神たちの食事

供養の時

立川武蔵

はじめに

　ほとけと呼ぼうが神と呼ぼうがかまわないが、われわれはそのような者たちと何らかのかかわりを持っている。仏教でも神道でも、キリスト教の場合でも同様だ。仏とか神は実在しない、人間どもが考えだしたものにすぎない、と多くの人がいう。そうかもしれない。

　しかし、そのようなものをなぜ人間たちはひねり出してきたのか。古代では文明が進化していなかったからだ、と人はいう。だが、古代エジプトや古代インドの神々と二一世紀に見られる諸宗教の神々は、その神学的整合性においてそれほど差はない。アマゾンの森林にいわゆる「近代文明」と離れて暮らしている人々の神々の観念が進化以前であり、現代の日本人の神概念が進化していると誰がいえようか。

　どの地域においても亡くなった人には畏敬の念を覚える。死者は神でも仏でもないと人はいうだろう。わたしもそう思う。問題は死者に対する哀惜や弔いの念は、生者に対する感情とは異なることだ。死者は生者を超えている。死後の世界があるか否かは永遠にはっきりしないだろう。はっきりしていることは、生きている者が死ぬことだ。生の彼方に逝ってしまうことはこの世において見ることができる。このことは仏や神は存在しないと考える人々も認めざるをえない。

人は生きていたいと思う。生きていることの証は食べることだ。生きている者が食べているように、死者も、そして仏も神も食べ続けて元気でいたいと願う。神々に食事、つまり供物を捧げることを供養（プージャー）という。

この二千年以上にわたって供養は仏教やヒンドゥー教において儀礼として行われてきた。今日の日本における仏教寺院においても供養は重要な行事の一つである。もっともインドにおけるプージャーと日本における供養とは内容がいささか異なっているが、生を超えた存在に対する畏敬の念を表す行為であることに変わりはない。

わたしは真面目な気持ちでこの書に「神たちの食事」というタイトルを付けた。しかし、誤解を招かないようにすこし釈明をしておきたい。仏あるいは神と人間（衆生）たちとの間には、交換ではないにせよ、交わりがある。たとえそれが仏から衆生への一方的行為であったとしても、仏から衆生へという方向は見られる。これを交わりと呼ぶことに抵抗があるならば、関係と呼んでもよい。ともかくも関係あるいは交わりが成立するための二つの項があり、その間には動きがある。その動きは一般に儀礼として現れる。その儀礼のなかで人は仏あるいは神に何かを捧げる。関係の証だ。

仏教あるいはヒンドゥー教では、その捧げものをする行為が一般に供養（プージャー）と呼ばれてきた。供養とは読んで字のごとく、供物を供えることによって神たちを養う、つまり元気づけることである。この供物を「神たちの食事」と呼ぶのである。このように考えるならば、念仏も坐禅も神たちの食事なのである。

本書は八事山興正寺《やごとさんこうしょうじ》（名古屋）における勤行を観察しながら、供養等に関する私の考えかたを述べたものである。八事山仏教文化研究所の「八事山仏教シリーズ」（第三巻）として出版する機会を与えていただき、興正寺に御礼申し上げたい。なお本書三〇頁上の写真は写真家・横田憲治氏、二八頁の写真はパトリア（大阪）、三七頁の写真は興正寺の提供である。三三頁の白描は伊藤淋詠《あきなが》君の描いたものを使用することができた。ここに記して謝意を表したい。なおそれ以外の写真およびイラストは筆者によるものである。

二〇二二年 秋

立川 武蔵
（八事山仏教文化研究所長）

目次

1 八事山興正寺と名古屋

名古屋市の東南の地区に
八事山興正寺がある
高野山で修行をした天瑞《てんずい》和尚が
一六八六年　この地に建立した

尾張徳川家第二代藩主光友は
この和尚に帰依し　援助を惜しまなかった
と伝えられる
境内には西山と東山があったが
今日　ほとんどの活動は
西山において行われている

地質学的にいって　名古屋の中心は
舌の形をした洪積世の
熱田台地の上に築かれた

舌の下部つまり台地南端には
日本武尊を祀った熱田神宮がある
そこから北約二キロの所に古渡城があったが
ここでは信長の元服式が行われたという
今は東別院が建つ

東別院から北に行くと万松寺《ばんしょうじ》がある
この寺で信長の父の葬儀が行われた
信長は葬儀に相応しくない服装でやってきて
葬儀の場で灰を投げつけたと伝えられている

中門は第二代尾張藩主光友により建立

徳川家康が人質として
三年間暮したのもこの寺だ
ちなみに　秀吉の生まれた地域は
熱田台地から西の中村である

万松寺のすぐ近くに大須観音がある
大須観音より北に二キロほどで
尾張藩主の住んだ名古屋城に着く
舌の形の中央部分　つまり
大須観音と城の中間を東に行くと
尾張藩主徳川宗春が蟄居させられた
下屋敷の跡がある
さらに東に進んで
洪積世の台地が終わるあたりに末盛城があった
ここは信長が実の弟を殺そうとしたところだ

西山本堂
ここが興正寺の活動の中心である
一七五一年建立

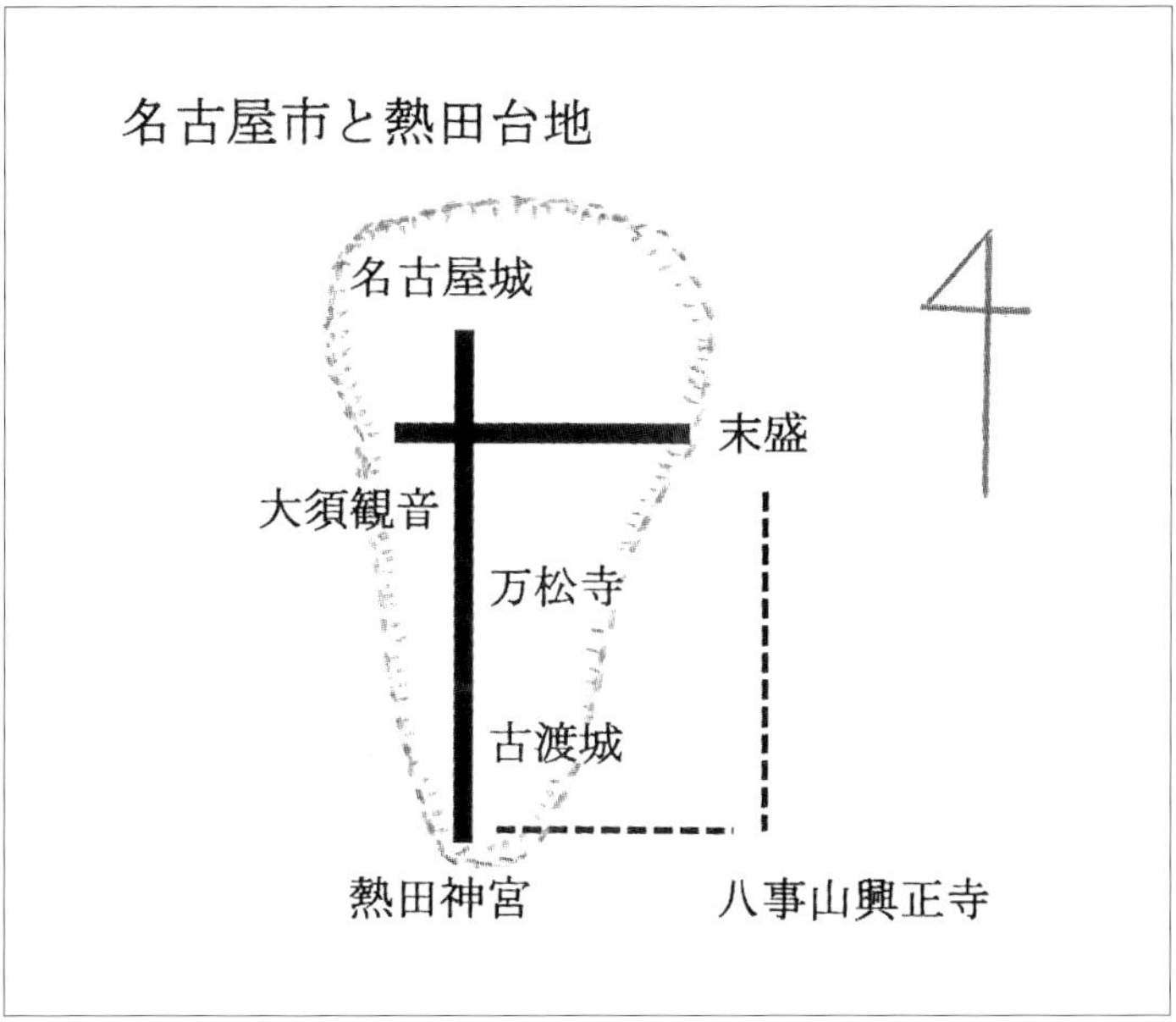

かつては熱田神宮は海に面しており
三重県の桑名と船で往来できた

この末盛から南に下った線と
熱田神宮から東に進んだ線との
交わったあたりが八事である
名古屋城からは東南の方角にあり
城から歩いて一日で往復できる
かつては　興正寺の山から
熱田神宮や熱田の港が見えたという

神仏に供物を捧げる儀礼を供養という
食べ物に限らず花や灯火を神たちに
供える行為を供養　プージャーという
これはアジア全域において仏教や
ヒンドゥー教などで行われてきた

寺や神社では神やほとけに
供物が捧げられている
神々が食事をされるのである

2　懺悔

六月からの三か月間　インドでは
雨期である　雨の中を歩くと
虫を踏んでしまうかもしれない
洪水に流されるおそれもある
それ故雨期の間　僧たちは一か所に
滞在し　学習や瞑想に励んだという
殺生や災難を避けて安んじて
一か所に留まる期間は
安居《あんご》と呼ばれてきた

平家物語の冒頭に登場する
祇園精舎は　釈迦と弟子たちが
雨期を過ごした宿泊施設だった
資産家スダッタと太子ジェータが
釈迦に寄進したという

〈右〉西山本堂内部の右端
ここで三か月間　安居が行われる
〈左〉安居の行事として梵網経が読まれる

釈迦生誕の地ルンビニーから
西へ約一二〇キロの地点にあった
この精舎を　釈迦は二〇回以上
用いたといわれている
お気に入りの場だったのであろう

安居の伝統は　日本にも受け継がれ
夏の集中的な研修期間を安居と
呼ぶことがある　八事山興正寺では
新暦の四月から三か月間　毎朝
安居に基づいた勤行が行われている

この勤行では　梵網経《ぼんもうきょう》が詠まれる
この経典は　比丘《びく》たちが守るべき
厳しい戒律ではなくて　在家の
守るべき大乗戒を述べている

西山本堂では毎朝本尊阿弥陀仏の前で勧行が行われる

佛教教団では
戒律を犯した僧の
告白懺悔の集会が
行われていた
これをウポーサタ　布薩《ふさつ》と呼ぶ
この集会は新月の日と満月の日
月二回行われたという
この布薩と安居は元来　別のものだ
興正寺では反省と懺悔をしながら
梵網経を詠む勤行を　布薩と呼ぶ

３　阿弥陀仏への捧げもの

本堂の右端で梵網経が詠まれるが
本堂中央では阿弥陀仏の像の前で
毎朝の勤行が行われる
勤行では経典や真言が読誦されるのである

興正寺は建立当初
浄土宗と関係の深かった
尾張徳川家の祈願寺であった
という事情もあり
西山本堂の本尊は阿弥陀である

インドでは阿弥陀仏への信仰は
紀元前後に生まれている
だが　阿弥陀仏の起源は不明のままだ

そもそも阿弥陀という名も謎だ
阿弥陀はまた無量光　アミターバとも
無量寿　アミターユスとも呼ばれる
だが　阿弥陀という名が
どのようにして生まれたのかは不明のままだ

南無阿弥陀仏という名号がどこで
造られたのかも分かっていない
だが　そのことは阿弥陀への信仰とは
あまり関係のないことだろう

阿弥陀仏は通常　定印をむすぶ
両手の掌を上にして重ねる
という仕草である
興正寺の西山本堂でも
そのような印相が見られる

西山本堂の阿弥陀仏
興正寺は律寺として出発している

カトマンドゥでも無量光は有名だ
人々は　この仏にさまざまな供物を
捧げることを無量光供養と呼ぶ
日本では阿弥陀供養とは　まずいわない

ともあれ　阿弥陀仏にたいして
捧げものが差し出されるのである
御飯　花　香などが捧げられる

では　なぜ供物が捧げられるのか
インドのコルカタでは
生血を要求するカーリーに毎日
山羊の生血が捧げられている
そのように　阿弥陀は人々に
供物を要求しているのだろうか

人々が一方的に捧げているのだ
というのならば
なぜ人々は　供物を捧げるのか

ある人々は　人間は阿弥陀に
供物を捧げる力などない
というだろう
ならば　人間には
どのような行為が可能なのか

アミダさん食事はすみましたか
線香ではおなかふくれない

無常大鬼キールティムカに捉えられた六道輪廻
八時の方向に餓鬼道が見られる
中心の円には三つの煩悩（貪瞋痴） 外輪には十二縁起が描かれている
カトマンドゥにて入手の木版画

〈右〉十二時の方向に天　それから時計まわりに
人間　動物　地獄　餓鬼　夜叉の六道が
描かれている

〈左〉右頁の輪廻図とは別の輪廻図である
餓鬼道の部分の拡大図である
カトマンドゥにて入手

4　餓鬼たちも食べる

神々も食事をする　生きているからだ
食べなければ生物は命を保てない
神々は身体がないから食べない
というわけではない

眼に見えないかもしれないが
彼らには身体がある
そして　われわれと同じように
食事を楽しみにしているのだ

供養とは　サンスクリットのプージャーの訳だ
これは　供物を差し出して神や仏を養って
活気づける行為である
この際　供物は欠かせない
供物なしの供養は御法度なのだ

午后４時から始まった勧行が終わったところ
勧行では阿弥陀経や光明真言などが唱えられる

インドなどで　プージャーとは
ヴィシュヌなど有力な神々に対して
供物を捧げることをいう
ネパールのカトマンドゥ盆地でも
阿弥陀に供養がなされている

だが　先祖あるいは死者に対する儀礼は
プージャーとは呼ばずシュラーッダと呼ばれる
このように　供養とシュラーッダは
インドやネパールでは区別されている

中国や日本では死者あるいは祖霊に
供物を捧げることを供養と呼ぶ
しかし　大日供養などとはいわない
これは供養という語の用法のみの問題ではない
中国や日本では家の伝統の強化が
先祖に対する儀礼を通して行われるからだ
祖先崇拝が重視されるのだ

本堂での勤行が終わり　僧たちは退場する

インドにおいて先祖がないがしろに
されるわけではない
先祖に対する儀礼は家族の中で
控えめに行われ
家の伝統を鼓舞するためには
客を招き大きなプージャーを行う
その際はヴィシュヌ神などの神に
供物を捧げるのである

餓鬼のイメージは恐ろしい
餓えた鬼　喉は糸のように細く
太鼓のように膨れた腹
生えているかいないかのポヤポヤの髪
骨ばかりの体になっても
何かを食べたいと口を開ける
口からは炎が噴き出している
こんなイメージの生物は
わたしにとって恐怖の対象だった

餓鬼の食事の時間
僧たちは廊下の隅に行く

自分も年をとったせいだろうか
この頃は餓鬼が恐ろしくない
というよりもいとおしいとさえ
思うようになった
その理由は分かっている
餓鬼が自分の姿であると
気付いたからだ
自分であれば恐ろしいものも
いとおしいと思うとは
まさに餓鬼も驚く自己愛である

すべての生物にとって
食べられなくなった時が死ぬ時だ
ヒトも嚥下できなくなったら死ぬ
わたしは延命治療を
辞退しているので
食物が喉を通らなくなった時が
死ぬ時と思っている

亡くなる直前の人々を思い出す
何も喉を通らなくなったのだと知りつつも
せめて水なりとも
飲みたいと願う
やがて　それを願う力も
消え失せていく

本堂の裏の廊下の隅に石の台がある
僧たちはその石の前で経を読む

写真右端に石製の台がある
これが餓鬼の食事のテーブルだ
今　僧は御飯と水の入った容器を持っている

それは餓鬼のすがたではないか
六道輪廻のサイクルの中で
人間界より悪い道が動物界であり
その次に悪い状態が餓鬼である
さらにその下に地獄が口を開ける
したがって　餓鬼は地獄には
堕ちてはいないが地獄寸前にある

輪廻が実際に存在するか否かを
問題にしているのではない
しかし　輪廻は実在するのだと
多くの人は信じている

餓鬼はサンスクリットでは
プレータという　プラは先に
イタは逝った者を意味するので
プレータとは先に逝った者
つまり死者のことだ

台の上に置かれた飯食《おんじき》　つまり御飯と水は
乳と甘露に変わり
餓鬼たちは食べることができるようになる

餓鬼とは中国人による訳語である
サンスクリットの単語の意味から
離れているようだが
素晴らしい訳語だ　と私は思う
この語は　人間の死直前の姿を
的確に表しているからだ

施餓鬼という儀礼が行われてきた
餓鬼に食を施すのである
しかし　施す　という語には
差別の匂いがあり　死者に対して
使うべきではない
という批判がある
それはそれで正しいだろう

ならば　先逝供養でもよいだろう
ようするに　逝く者あるいは
逝った者の心を汲むことが肝心だ

餓鬼　食事中

施餓鬼　終わる

仏教では貪りを戒める　だが
食べたい　という欲求まで捨てよ
とはシャカムニは教えなかった

先に逝く者に最後の水を与えるのが
施餓鬼なのである
餓鬼はすでに逝った者だ
と人はいうかもしれない
だが　餓鬼は
逝く者の姿をも映していると思う
施餓鬼は逝く者への餞別なのだ
生者が時を呼び戻す姿かもしれぬ

それぞれの人は時間を飛ぶ宇宙船だ
その宇宙船は許された長さの時間を飛び続け
やがて消滅する
消滅する瞬間に　人は時間を超える
時間を超えた無時間へと入るのだ

御飯を差し出す儀礼　施餓鬼は
死の瞬間に現れる無時間へと差し出される
捧げものなのだ
無時間の出現を儀礼が演出する

施餓鬼という儀礼は反復される
儀礼によって人は時を超える
儀礼は永久に繰り返される
行為の図像なのだ

儀礼が繰り返されなければ
意味は伝わらない
繰り返される意味は　やがて
神話を産むことになる

ブッダ入滅の地 クシナガラの仏塔

5　仏塔の意味するもの

釈迦の遺体は荼毘に付されたが
葬儀に集まってきた部族たちが
遺骨を持ち帰り　仏塔を造って祀った
仏塔　ストゥーパは元来ブッダの遺灰や遺骨
すなわち　シャリーラを祀ったものであった

舎利とはシャリーラの音写である
舎利は　後世　火葬後に残る
半透明の小さな球を指すようになったが
仏塔は仏の涅槃のシンボルなのだ

釈迦の時代　火葬が一般的であった
現在のヒンドゥー教では遺骨への崇拝は
ほとんど見られない　もっとも　当時の
バラモン社会では遺骨崇拝も行われていた

釈迦の住んだ北方インドでは
当時　火葬および遺骨崇拝の伝統が
かなり強く生きていたのであろう

仏塔は土饅頭の格好をしており
頂に樹などを植えたと思われる
その頂の木などはやがて平頭《へいとう》と呼ばれて
今もその形をとどめている
釈迦の入滅の地クシナガラには
巨大なストゥーパが残っているが
その平頭はすでに失われている

仏塔はその後　造られ続けた
仏教が伝播した地域において
仏像の造られなかった地域や時代はあるが
仏塔のない地域や時代はない

時代とともに仏塔の形や意味は変化した
仏塔の本体は卵形なのだが
この卵形の基壇は変形していった
その基壇には釈迦の生涯を語る絵や彫像が
刻まれるようになった　そして
マンダラが造られに時代には
卵形の回りにも仏菩薩が刻まれて
仏塔が立体マンダラとなった

仏塔の基壇には地水火風の印が刻まれ
卵形は世界の軸である須弥山ともなった
こうして仏塔は宇宙の姿をも
映すようになったのだ

カトマンドゥなどでは
平頭に眼と鼻が描かれ
仏塔が瞑想する仏の姿ともなった

〈右〉巨岩をくりぬいて造られたカールラー仏塔
ムンバイとプネーの中間の地にある
紀元一世紀頃の造堂といわれる

〈左〉仏塔　金剛界マンダラの四仏（阿閦《あしゅく》　宝生《ほうしょう》　阿弥陀　不空《ふくう》）の浮彫が見られる
ウク寺　パタン市　カトマンドゥ盆地

カトマンドゥ盆地の西北部にあるスヴァヤンブー仏塔
平頭に眼と鼻が描かれている

興正寺五重の塔

このようにして仏塔は
釈迦の涅槃のシンボル
ブッダの身体のシンボル
さらには　世界というように
三つの意味を
有したのである

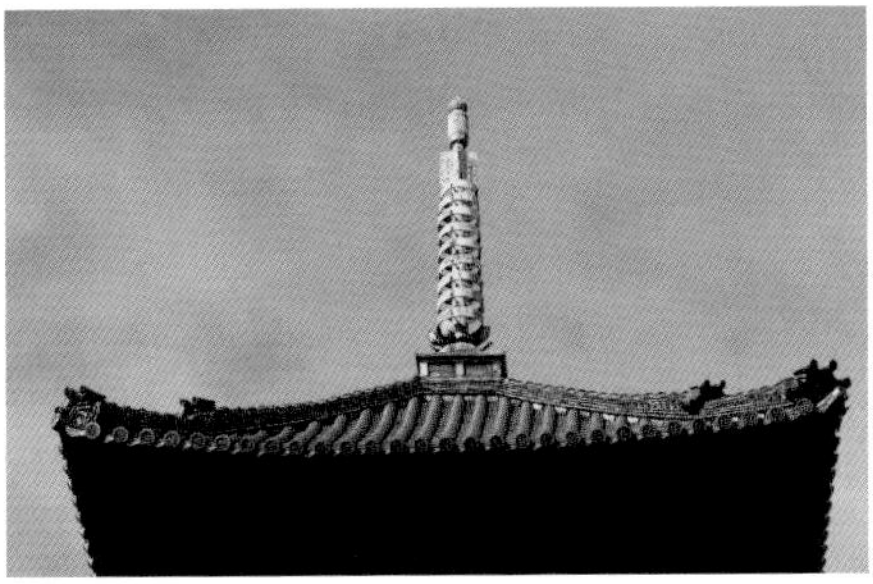

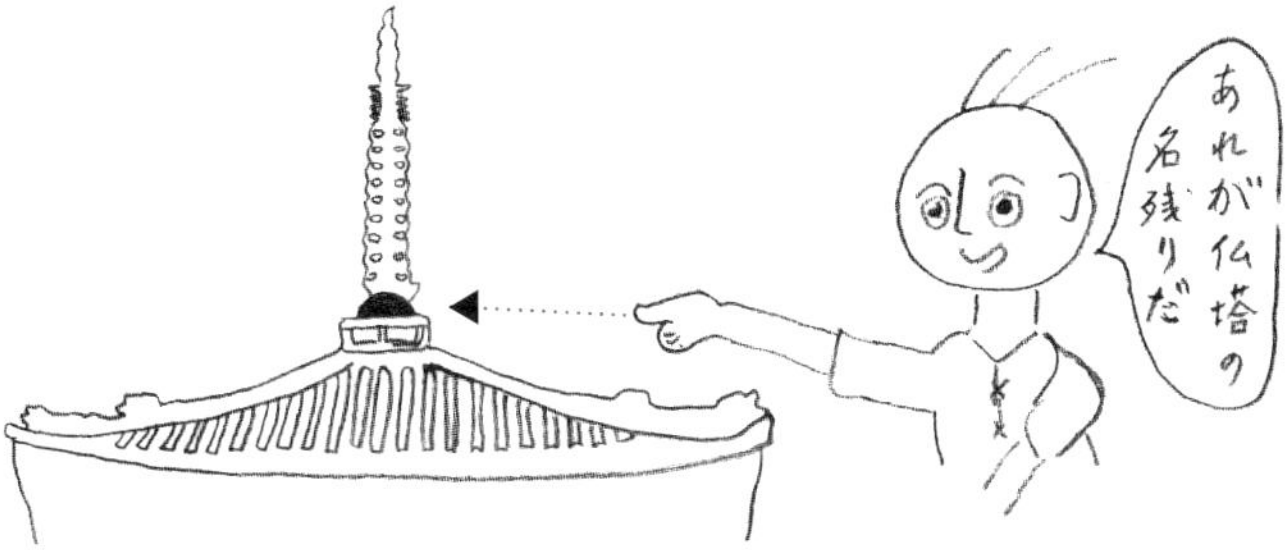

しかし　日本における仏塔では
事情が異なっている
ブッダの舎利を祀るもの
という意味は残っているが
ブッダの姿とか世界という意味は見られない

日本での仏塔はほとんどの場合
五重の塔　三重の塔だ
これは基壇が肥大したケースである
仏塔の本体の名残は見られる
屋根と九輪塔の間に
鉢を伏せた格好の伏鉢《ふせばち》がある
これが古代の仏塔の名残である

日本の仏塔の第一基壇の内部には
しばしば尊像が四面に描かれおり
マンダラが見られる
例えば　京都の東寺の仏塔のように

6　お盆とは何か

太陰暦七月一五日を中心に
七月一三日から一六日までの四日間に
お盆の行事が行われる　今日では
太陽暦の八月あるいは七月になされている

道教では一月五日　七月一五日　一〇月一五日を
三元と呼ぶ　中元とはその第二の日をいう
中国唐の時代　道教が盛んになり
中元の祭りと仏教儀礼が融合した
日本における中元もこれに基づく

旧暦七月一五日鬼節の日に祖霊が帰る
という考えは　古来から日本にもあったが
中国の鬼節の日の行事が日本の施餓鬼などと
重なり　今日のお盆になったと考えられる

盆とは盂蘭《うら》盆の略だといわれる
それはウッランバナの音写という
だがこの語の意味は不明だ

盂蘭盆経が盆の起源を語るという
この経では　仏弟子目連が夢の中で
母が餓鬼道に堕ちているのを見て
釈迦に訴えたとある　釈迦は
僧たちに対し　供物を供えるようにと教えた

そのようにしたところ
母は餓鬼道より救われたという

この経典に餓鬼は登場するけれども
餓鬼に食を施すことが
述べられているわけではない
経典による限り　僧たちに対して
供養が行われたのである

さらに　盂蘭盆経は　祖霊が
この世に帰ることに関しては
言及していない
盂蘭盆とは　ご飯を載せた盆だ
という説も発表されている

ホオズキ提灯

箸で足を付けた
ナスビやキュウリは
あの世からの
タクシーだ

ともあれ　盆の原意は不明である
今日のお盆には　祖霊の里帰り
餓鬼に食を施すこと　中元の伝統
など様々なことが重なっている

亡くなった人の霊が帰ってくる
という考え方は他の国にもある
インドネシアのバリ島では
祖霊を迎える儀礼と送る儀礼とが
今も行われている

日本では　盆踊りが復活してきた
これは死者と共に踊る踊りだ
地方によっては額に三角の布を
付けて踊るのである
薄明りの中での浴衣姿は
先に逝った者たちとの交歓なのだ

7　土に帰る ―卒塔婆《そとば》の意味―

真言宗などでは卒塔婆が造られる
長細い板の上に悉曇《しったん》文字で
真言が書かれているものである
悉曇文字とは梵《ぼん》字の古代の書体だ
かの板には上から梵字で
虚空　風　火　水　地と書かれる
その梵字の真言の下には
弔おうとする先祖の名が記される

この板を卒塔婆または塔婆という
ストゥーパを漢字に移したものだ
だが　卒塔婆は仏塔ではない
卒塔婆には　かの卵形はなく
舎利を収める場もないからだ

卒塔婆の供養　2021年8月

虚空　風　火　水　地　すなわち五大《ごだい》とは
世界の物質的基礎である

七世紀の密教経典大日経には
行者は自分の身体の中に下から
地水火風空の順序で輪を思え　とある
身体はこれらの要素より成る
と考えられているのだ

人が死ぬことをサンスクリットで
五大に帰す　という
日本では　土に帰る　という
五大に帰ってしまった者の人形《ひとがた》が
卒塔婆なのだ
地水火風空という元素の形は順に
四角　円　三角　半円　円である
下から積みあげれば五輪塔となる
五輪塔は今日では墓である場合がほとんどだ

卒塔婆の前に水が流れる

インド　ネパール　チベットでは
日本におけるような五輪塔はない
中国でも造られない　と聞いた
板の卒塔婆も日本のものだろう

卒塔婆は　遺体を埋めた盛り土の上の柱
または板だったようだ
それに仏教的あるいはインド的な
世界観が加わったのだと思われる

こうした卒塔婆の歴史は亡き人　あるいは
先祖をしのんで卒塔婆を建てる人には
あまり関係のないことかもしれない

卒塔婆の意味は何か　それは
肉体は五大に帰ってはいても
自分の心に生きる人々へ思いを
伝えるための装置であることだ

八事山興正寺の境内には
小さな川が流れており
そのほとりに多くの卒塔婆が
たてかけられている
その川は　三途《さんず》の川ではないであろうが
流れる水は　この世を去っても
なお残る思いを洗っているようだ

〈右〉
卒塔婆の上半分
上から kha ha ra va a とあり
空　風　火　水　地を指す

〈左〉
五輪塔
上から円　半月　三角　円　四角を
基礎とした石が重なっている
卒塔婆の横の切りこみの形と対応している
観音堂の近くに建てられている

供物を持って川に降りる　彼は最近　肉親を亡くしている

8　先祖には団子を　―ネパールでの法要―

8・1　砂団子を捧げる

ネパールのカトマンドゥ盆地には
ネワールと呼ばれる人々が住む
その数は約五〇万といわれる
チベット・ビルマ語系の言葉を話している
だがネワール僧には
印欧語のサンスクリットを理解する人が多い
仏たちの名前にもサンスクリット単語が
用いられている

ネワールの人の三分の一が大乗仏教徒であり
この仏教は密教の要素が強い
ネワール僧は金剛乗と呼んでいる
彼らには日本におけるような墓もなく
また遺骨を祀ることもない

川の砂で団子が作られる
九曜それぞれを指す団子の位置は
定められている

親族の命日には川岸や寺の境内で
法要　シュラーッダが行われる

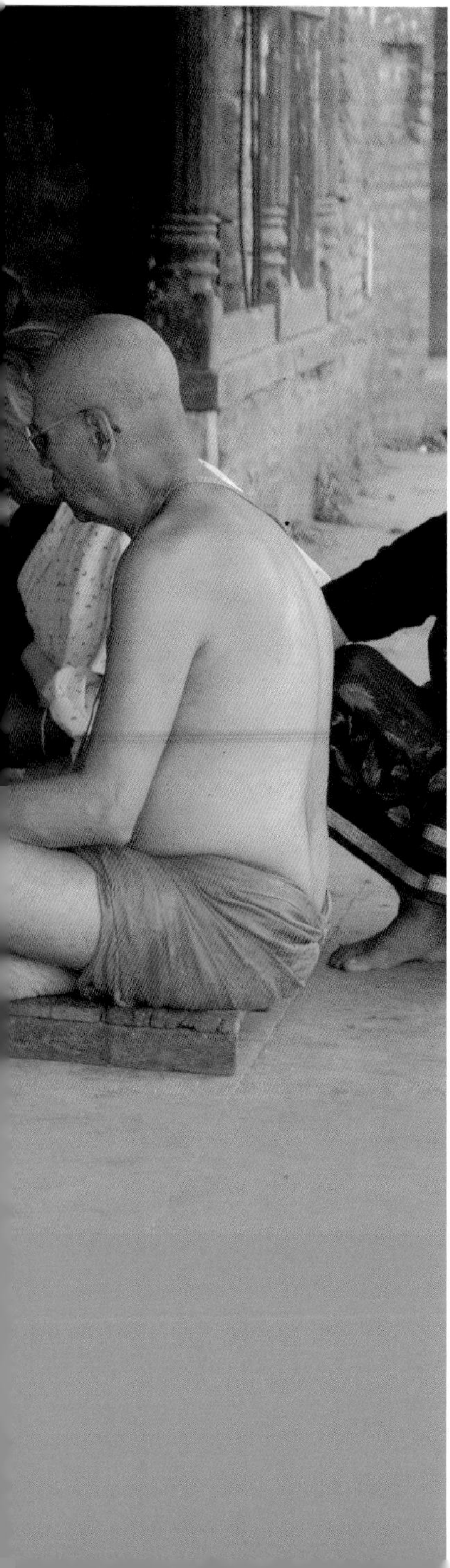

花なども用意されるのであるが
川岸の砂で団子が作られる
砂団子は死者への供物ではなく
九曜　つまり　日　月　火星
水星　木星　金星　土星　彗星
日月食を起こすラーフの象徴だ

人の一生は九曜に支配されている
とは　インド以来の伝統である
九曜には　人に恵みを垂れる力と
人に禍をもたらす力とがあると
考えられている

僧は砂団子の前で真言を唱え
死者の魂の安寧を願うのである
未来の不幸の前兆を吸いこんだ
砂団子は川に流される

写真左側の男性がネワール僧
右側上半身裸の男性は最近　肉親を亡くしている
上半身裸は古代インド以来の正装である
49、50 頁参照

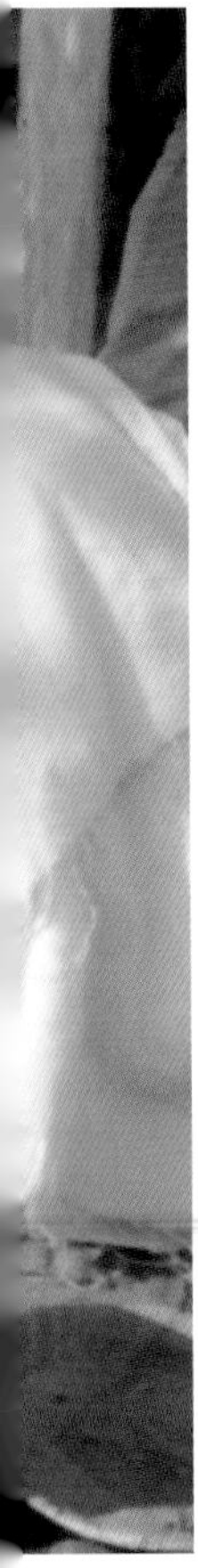

写真左下の皿の上に
団子が見られる
これが亡くなった人に
捧げられる
パシュパティナート寺院
カトマンドゥ

8・2　小麦の団子を捧げる

川岸の砂で作った団子を用いて
法要が行われることもあるが
麦の粉とバターで作った団子を
供えることもある

盛り土をして小さな山を作り
その上に団子を置くというのは
インド以来の伝統である

このような法要は一般に寺院の
境内あるいは近くで行われる
最近　親族をなくした者が
白い布に身を包み　僧の前に坐る
一方　僧は平服の場合が多い

8

写真右の男性は儀礼が始まる直前に白い布を被った
僧は法要の規定書に従ってなさるべき所作をかの男性に命ずる
土を盛って作った小さな山の上に団子が置かれる
2008 年 10 月

僧は　その法要が何のためなのか
当日は大陰暦では何日なのか
などを儀礼の初めに宣言する

僧は儀礼の規定書に従って
真言を詠みつつ　目の前の者
つまり　最近親族をなくした者に
必要な所作をするように命ずる
団子を土の山の上に置け　とか
その上に水　次には　ヨーグルトを
垂らせ　というように命ずるのだ

儀礼が終わると悪気を吸い込んだ
団子を持ち帰ることはない
土の山もその場に打ち捨てられる

突然　大猿が団子を奪い去った
儀礼は何事もなかったように続けられた
団子はないままに

御飯の上に水牛の生肉や豆や葉が盛られた供物
カトマンドゥ市　一九八七年八月

8・3　鬼神たちには生肉を

カトマンドゥ盆地では
スヴァヤンブー仏塔の祭りが
夏の一か月続くが　その直前
鬼神たちへの供養が行われる
御飯に水牛の生肉といった供物が
用意される

この供養祭は主として僧侶階級の
家ごとになされる
真言などによって聖化された後
供物は街の四つ角などに置かれる

この儀礼は死霊　ピシャーチャ
すなわち吸血鬼などをなだめる
という目的でなされるという

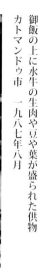

米粉に湯と油を混ぜて餅を作る　これを写真左の家長火で焼く
プネーにて　1979 年 7 月

9　火は神々の使者
―インド、ネパール、日本の護摩―

9・1　神々に餅とバター油を―インドのホーマ―

紀元前千五百年頃　インドに
アーリア人がやってきた
彼らはヴェーダ聖典に基づいて
ホーマ　護摩を盛んに行った
ホーマとは火の中に供物を投げ
火を使者として天上の神々へと
供物を届ける儀礼である

儀礼において詠われる祭詞は
ブラフマン　梵《ぼん》　と呼ばれた
そのブラフマンを詠う権利を
専有する者たちがバラモン僧だ
バラモンたちの主要な務めは
月に二回ホーマを行うことだった

焼きあがった餅を割ったものとバター油とを交互に火に入れる
このホーマ儀礼では10の神々に供物が捧げられる

供物としての餅を焼く炉と
供物を神々に捧げる炉と
僧たちへの謝礼としての御飯を炊く炉の
三つがホーマには必要だ

米粉を練って餅を作り　焼き
それを割って木製の器に盛り
バター油すなわちギーと
交互に火の中に投げ入れる
火神はその供物を天上の神々に
届けるのである

ヴェーダを詠みあげる役
供物を火の中に入れる役など
役を分担して　バラモンたちは
チームを組んでホーマを行った

バラモン僧が自宅で行うホーマ　炉の灰の中にはたどん形に丸めた牛糞に
火が保たれている　その火を起こし　次に供物としての御飯を炊くのである
プネー　1981年8月

9・2　神たちに炊いたご飯を

バラモン僧たちが協同で行うこの
ホーマは新月祭・満月祭と
呼ばれた　これは月の満ち欠けとは
直接関係のないものだった

自分の家で火を絶やすことなく
死ぬまで聖なる火を保つという誓を
守っているバラモン僧もいる
このようなバラモン僧が一人で
自宅で毎日行う型のホーマもある

たどん状の牛糞に火をつけて
その火を灰の中で保ち
この火によって
御飯を炊き　神々に捧げるのである
バター油も火の中に入れられる

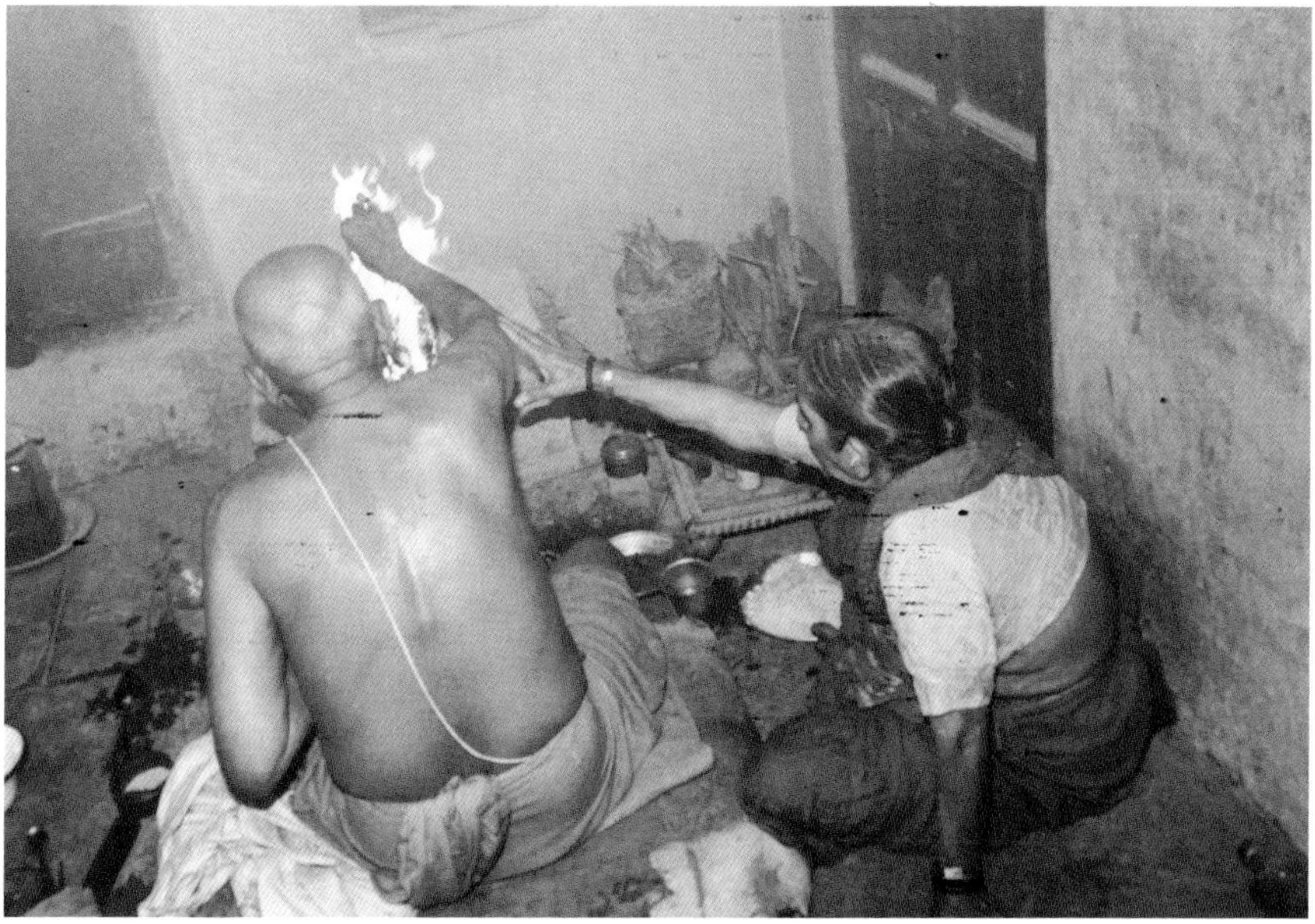

火がもえあがると僧の妻が僧の右腕に触れる
これは自宅でのホーマにとって必須である

かの僧が亡くなったときには
かの火によって荼毘に付される

火を保つと誓った僧は妻帯者で
なければならない
妻が亡くなれば　かの火によって
妻の体は荼毘に付され　もはや
彼は　再婚しないかぎり
自宅でのホーマを行うことはない

牛糞の団子の中の残り火に枯葉や薪を置いて
火が燃え上がると
僧の妻は右手で夫の右腕に触れる
妻も儀礼に参加することの証だ

御飯が炊けた頃に僧はバター油を
御飯の上にふりかける
その後　僧は鉄バサミで壺を火から降ろす

しばらくすると妻は退場し
その後は僧が一人で儀礼を行う
米と水をいれた金属製の壺を
火にかけてご飯を炊くのである
その間　僧は規定書に従って
真言を唱えたり　経典を詠んだりする

御飯が炊けた頃
鉄ハサミでその壺を降ろす
中の御飯を取り出して
供物として火の中に入れる

このように壺でご飯を炊くという
儀礼は月二回行う　一方
毎日のホーマではあらかじめ
用意された御飯を火の中に入れるのである
このようなホーマ儀礼は三千年続いてきた
火を保つ僧は今もいるのだ

僧は供物として御飯を捧げている
その後　油が火に注がれる
生の豆などが火の中に入れられることはない
プネーのバラモン僧ガネーシュ・シェンデー・シャーストリ

1982年8月　カトマンドゥ旧市街にあるトゥラダール家の中庭
写真左から2人目の女性の誕生祝いのために　ホーマが行われようとしている

9・3　誕生祝いのホーマ

火を祀るということは
多くの民族に見られる
インド・ヨーロッパ語族の
人々も火の祭りが好きだ
この系統の言語を話す
アーリア人の起源は
カスピ海あたりらしい

アーリア人の一部は北に移動して
ヨーロッパに定着し
他の者たちは東に向かい
さらにその部分はイラン高原に残り
他の部分はインドに入った
インドに入った人々を
インド・アーリア人と呼ぶ

三本の鉄棒が組み合わさったところから油の容器がつるされ
その容器から油は常に落ちている

イラン人の宗教の一つに
ゾロアスター教がある

この信徒の間には今日でも
栴檀の木片を焼くハオマ儀礼が
残っている
インドのホーマと同じ起源だ

仏教徒は元来　バラモンたちの
儀礼であったホーマを
自分たちの実践方法として取り込んだ
仏教のホーマはネパール　チベット
中国　日本　東南アジア諸国に
広まったが　今日では
北インドの一部　ネパール　さらに
中国の一部　日本に残っている

僧が杓から油を火に注いでいる　僧の手前にある多数の小皿には豆などの供物があり
それらは火の中に投じられる　五仏の冠を被った僧は五仏となる

古代インドでは　ホーマは
バラモンたちの社会的務めとして
行われたが　時代とともに
ホーマの目的も変化していった

カトマンドゥ盆地の大乗仏教では
今日盛んにホーマが行われている
その目的はさまざまだ
成人祝い　誕生祝い　病気治癒
疫病退散　家内安全などだ

火の神が神々の使者として供物を
天界に届けることに変わりはない

写真右端の大おばあさんの誕生日の祝い
一族の者たちにごちそうがふるまわれた

不動護摩のはじまり　僧は炉の前に坐り　数珠を手にして経文を唱える
炉にはすでに薪　乳木　が見られる

9・4　煩悩は火の中に

仏教のホーマは　火で煩悩を焼いて
個人の精神的な悟りを得るための
一手段ともなった　ホーマは元来
集団的社会的な行為であった

もともとホーマの目的は
疫病退散　病気治癒　家内安全　さらに
商売繁盛といった現世利益を願うものだった
しかし　時とともに
悟りを求める実践の意味がホーマに
付け加えられた　火の中に供物を
入れるという外的な行為の中に
煩悩を焼くという目的を加えたのだ

このことは空海が唐から将来した
不動護摩記に明確に書かれている

燃えあがった火には油や生の穀物が投じられる
岡谷市照光寺にて　1981年5月28日

日本の護摩は一般に不動尊の前で
行われるが　仏像は重要な役を
果たさない　インド以来のホーマの伝統だ
供物はネパールの場合と同じく
油と調理していない五穀である

訪れた客の足を洗う水を出すように
仏の足を洗うために出された水は
仏たちの御足を洗うのみではなく
修行者の煩悩の垢を洗う

火神の口から入った供物の油は
行者の心と一体となり
行者の身体の毛穴から心が流れ出て
すべての仏菩薩に供養する　という

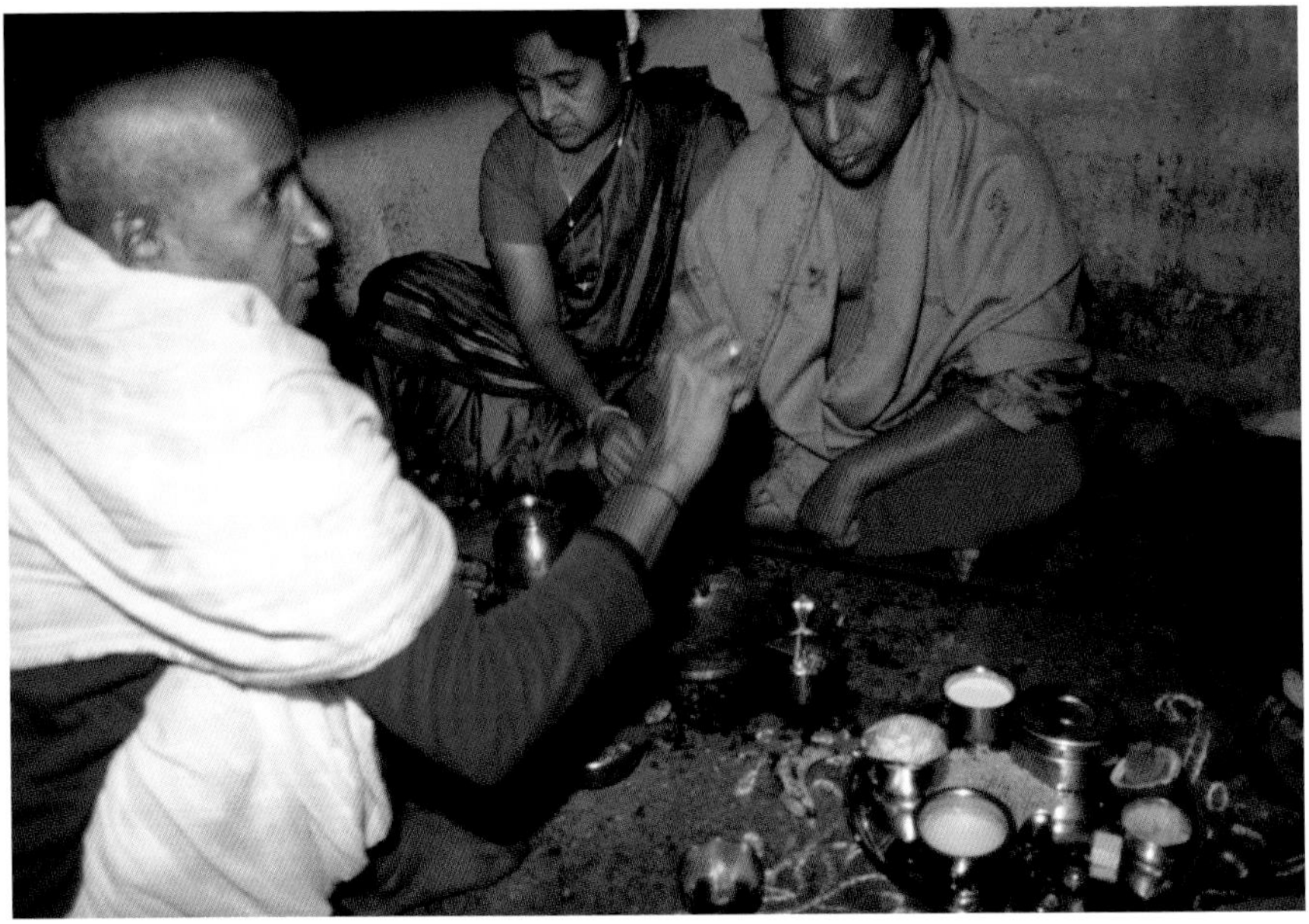

ヒンドゥー教の神ヴィッタルとその妃ルクミニーへの供養
供養の依頼者の前で僧は供養の目的などを宣言する

10 神をもてなす
―ヒンドゥー教の供養―

今日はクリシュナ神の誕生日
赤子の神の眠る小さな揺り篭が
天井からつり下がっていた
ここはプネー市の旧市街にある
ヒンドゥー教寺院の祠堂である

プネー市はムンバイから車で
三時間ほど東へ来たところだ
この地方ではヴィッタル神と
その妃ルクミニー神への信仰が強い
ヴィッタルはヴィシュヌの化身と
信じられている

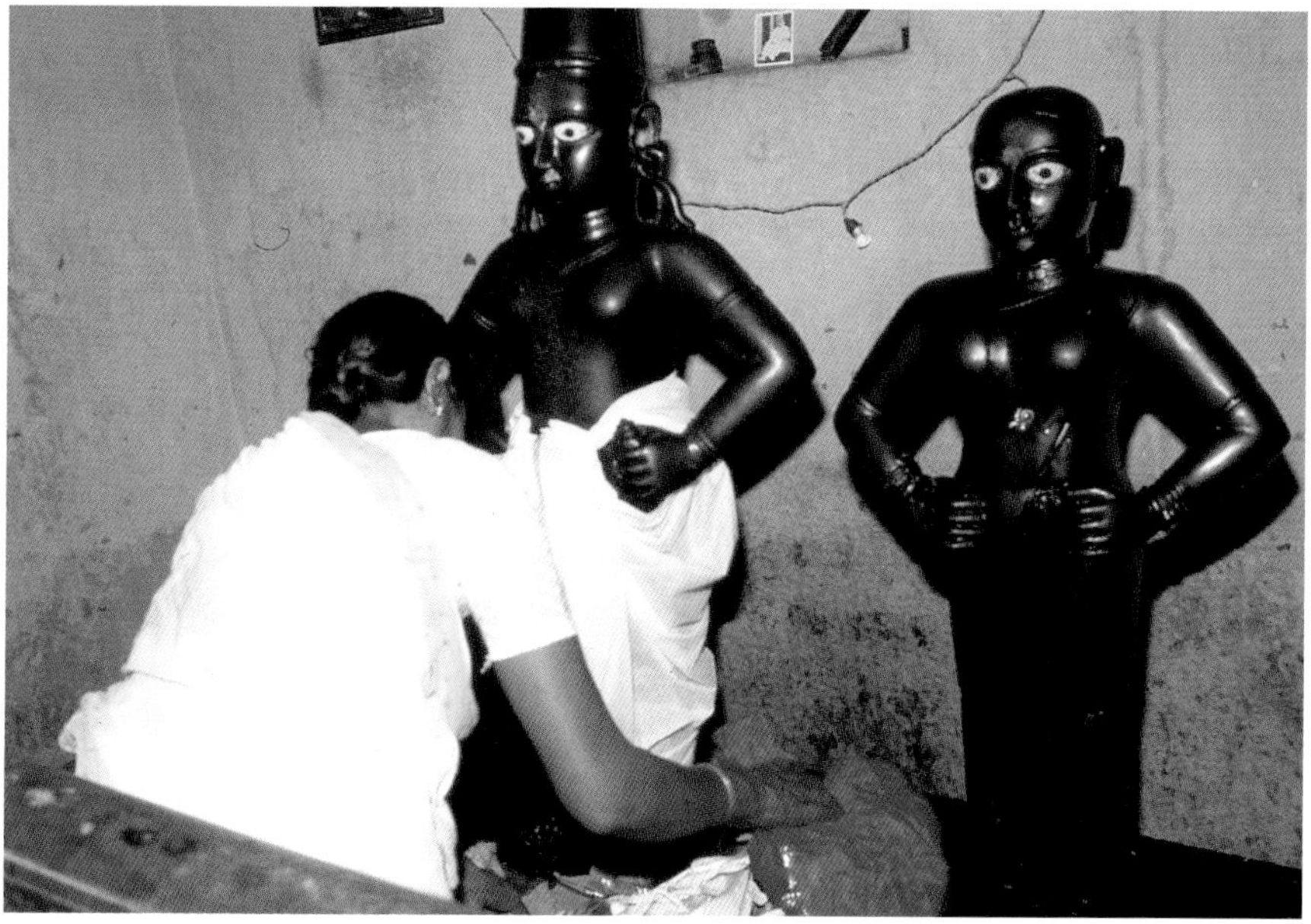

儀礼の依頼者はプネーの町に住む医者とその妻
儀礼の助手が訪れた神ヴィッタルに新しい衣を着せる

医者とその妻が施主となり
ヴィッタルへの供養が行われた
一九八一年八月のことである

供養　プージャーとは　客を迎えてもてなし
客が帰るのを見送るという手順を踏む
まず僧侶が儀礼の目的を宣言する
その際　施主の妻は夫の手に触れる
ほとんどの場合　プージャーは
神像の前で行われる

神が呼びだされて儀礼の場に
降り立つと　神の座として
木の葉などが神像に差し出される
次に遠くからやってきた神の足の
土埃を洗うため水が差しだされる
その後　供物として水《アルギャ》が出される
この水を日本では閼伽《あか》水という

〈上〉　神ヴィッタルはヴィシュヌの化身である
ヴィッタルの頭上の高い筒状の冠はヴィシュヌの特徴だ

〈左〉　訪れた神ヴィッタルとその妃を着飾ることが終わった

さらに　神が口すすぎをするための
水が差しだされる
これらの所作のなされる度に
サンスクリットの祭詞が詠われる

これらの所作の後で
客つまり神は入浴をする　神像に
ミルク　ヨーグルトなどをかけ
水で洗うというような所作が続く
かのプネーの寺院では
ヴィッタルとルクミニーの像に
ミルクや水が掛けられた

このような入浴の後に　しばしば
神は赤色や黄色の粉によって
化粧されるのである

神が入浴を済ませたところで
神像に新しい衣服が着せられる
ヴィッタル神と妃ルクミニーは
新しい衣装と冠で飾られた

神が正装したところで
花　線香　灯明　香水が
供えられる
花　線香　灯明　香水の四つは
日本では香《こう》華《け》灯《とう》塗《ず》と呼ばれている
塗とは練香のことなのだが
インドでは水に溶かして
香りのある水として用いられる

これらの四種の供物が出された後
ご馳走が振舞われる

バナナ　シーター妃の実と
呼ばれる果実などが
神々に捧げるごちそうである

食事の後　プージャーの依頼主は
火を持って神の回りを右回りに回る
右回りに回ることは
尊敬の意味を表すのである
神像の回りにスペースがない時は
神像の前で灯明を持って回す

客は帰ってもらわねばならない
御馳走の後　帰る神に礼拝し見送る

整備されたプージャーは
以上のような一六のステップを踏む
このような儀礼が
インドでは二〇〇〇年以上も
続いてきたのだ

供物を神に捧げる儀礼すなわち
プージャーが　ヒンドゥー教に
おける最も一般的な儀礼である
この儀礼はこれからもこの形を
保ったまま続いて行くだろう

なんとも簡単な所作の連なりだ
子供の遊びに似ていなくもない
むしろ人間の行動パターンが
子供の遊びに似ている
というべきかもしれない

遊戯にしか見えない行為を
人々は時代を超えて
くり返し行ってきた
飽きることもなく

神の像の前で火を右回しにする
アールティと呼ばれる

神たちに礼拝

11　弁財天と死者 ―バリ島における供養―

11・1　弁財天の供養

バリ島からジャワ島までの距離は
泳いでいけるほど近い　だが
バリ島における宗教事情は
イスラム教が主導的なジャワとは
かなり異なる
バリにはイスラム教　仏教　更に
いわゆる自然宗教などが見られる
しかし　住民のほとんどはヒンドゥー教徒だ

バリ島は二百以上の地区に分かれ
それぞれの三つの寺院が置かれる
プラ・デサ　プラ・プサ
プラ・ダラムだ
プラとは寺院のことである

プラ・デサは村の神や
住民たちの祖先を祀り
プラ・プサでは村の重要な儀礼が
行われる　プラ・ダラムは主として
葬儀以外の死者儀礼に関わる

バリ島では弁財天　サラスヴァティー　はブラフマー神の妃とみなされる
太陽暦の９月下旬　バリの寺々では弁財天祭りが行われる
人々は供物を持って寺に集まり
寺の境内は華やかな雰囲気に包まれる
バリ中南部のバトゥワン寺　2006 年９月

弁財天の供養祭において
バトゥワン寺の住職は訛った
サンスクリットの歌を歌う

バリでは　例外もあるが　儀礼は
バリ暦による　バリ暦では　一年は六カ月
一月は三五日である

サラスヴァティーつまり弁財天の
供養は太陽暦の九月に行われる

バリではウパチャラという語が
儀礼や祭りの意味で用いられる
梵語ウパチャーラの訛りであり
供物と捧げる行為を意味する
プージャーとほとんど同じ意味だ

集った村人たちの頭上に僧たちは聖なる水をふりかける

供物を運ぶのはもっぱら女性のようだ

華やかな雰囲気に包まれた
この寺には足、腹、頭と呼ばれる
三つの境内があるが
頭の境内に置かれた長く大きな台に
供物が並べられる

白や黄色の天蓋が立てられ
幡や色とりどりの紐がつるされ
神々の出陣かと思われるほどだ
天蓋や幡の下には
果物やローストされた鶏肉を
高く積んだ供物が並ぶ

女も男も腰に帯を締め
境内の地面に坐る

寺院の住職が　サンスクリットで
神への賛歌をマイクを通して詠う
僧たちは聖水　ティールタを
合掌する参列者に振りかける
バリのヒンドゥー教徒にとっては
この聖水が神より与えられる
最高の恵みなのだ

この祭りでは村人たちが
豪華な食べ物を持ち寄る
とんでもない数の御馳走は
弁天に食べてもらった後では
村人が引き取ってそれぞれの家で
食べるのである

バトゥワン寺の中心部プラ・プサで弁財天の供養は行われる
弁財天の像が祭壇に置かれるわけでもない
しかし弁財天の絵や浮彫りは寺の境内のあちこちに見られる

帰ってくる死者の魂のための供物

11・2　死者の霊を迎える

バリ暦の一月の中頃に死者たちの
霊を迎える行事ガルンガンがある
この時は　弁天の祭りとは違って
鶏肉などの御馳走はない

祖霊たちへの供物には
生者が食べられそうなものは少ない
供物を置く台の数も少なめで
天蓋も小さくその数も少ない
だが　参拝者は　弁天祭りの時と
同じくらいに多い

一月の下旬には
里に帰っていた祖霊たちを
送り出す儀礼クニンガンが行われる
日本の盆と同じである

供物を用意するための社がどの寺院の境内にも設けられている

死者の魂を迎える儀礼はバリ暦の一月に行われる　二〇〇四年

バトゥワン寺の本殿の前で人々は祈りを捧げる

死者たちへの供物は
このように　質素なものだ
なぜなのか
死者たちは食べられないからか

わたしは供物にこだわっている
弁天への供物と
死者へのそれとが違うならば
弁天と死者とはどう違うのか
両者とも肉体はなく
見ることもできない
弁天は文芸の神であり吉祥だが
死者の霊は忌むべきものだ
というのか

しかし　弁天さんも
いるかいないか分からない

そんな神より確実に
存在したかつての家族の方が
より親密な存在ではないか

死んでしまった者は
すでに家族ではなく
不浄で危険だというのか

わたしは祖霊に対する待遇改善を
訴えているわけではない
そうなのではあるが
何かしっくりしないものがある

これは　ひょっとすると
死者となることの近い者の
繰り言なのかもしれぬ

12 星たちに供物を

―ラオスにおけるお祓い―

どこの国にもお祓いはあるようだ
現在　スリランカ　ミャンマー
カンボジア　タイ　ラオスなどには
テーラヴァーダ仏教が流布している
テーラとは長老を意味し
ヴァーダは説のことである

この型の仏教では　今日でも
出家主義のかたちが採られている
すべての成人男子は　三か月間
僧院生活を送らねばならない
このような型の仏教であっても
お祓いは寺で頻繁に行われている
禍　病気　事故などを祓うためだが
この儀礼はパリッタと呼ばれている
パリッタとは保護　呪文を意味する

九重に仕切られた箱に供物が入れられている
この供物は九曜
すなわち　日　月　火星　水星　木星　金星　土星　彗星　そして
日月食を起こすラーフ星に捧げられたものだ
2006 年 2 月

〈上〉　僧は経文を読み　禍を祓う

〈左〉　悪い気を吸った供物を捨てにいく

カトマンドゥでも見られたことだが
東南アジアでも　人間の生活は
九曜によって支配されている　と
考えられている 九曜は恵と不幸を
共にもたらす存在なのである

ラオスのヴィエンチャンの寺で
パリッタ儀礼が行われていた
二人の女が九重に仕切られた箱に
供物を詰めて寺を訪れた
家族に病人がいるのかもしれない

前に坐った僧がパリッタ呪文を唱えた後
彼女たちは九重の供物を持って寺の外に出た
その供物を寺の境内の端に捨てたところ
猫が寄ってきて食べはじめ
女たちは寺に戻った

猫に餌をやったわけではない
九重の供物は九曜へのものだ
九曜が彼女たちの禍を祓うように
という願いをこめて捧げたのだ

彼女は寺に戻った
僧が経文らしきものを詠んだ後
水のようなものを受け取ると
女性たちは帰っていった
このような儀礼は東南アジアの
寺のほとんどで行われている

左端の僧の前には火が燃え
僧は経文を読んでいる

13 つつましい祈りを
―ラオスの寺で―

九曜への供物の儀礼が行われた
同じ寺でのこと
若い人々がやってきた
彼らは供物らしき包みを僧に差し出した

若者たちが僧の前に坐ると
僧はロウソクに火を灯し
経を唱え始めた　そして
糸の玉を取り出し
目の前にある経典と自分と
信者たちを糸で結んだ

かの僧はブッダ　仏を
経典はダルマ　法を
若者たちはサンガ　僧伽を
意味する　かの糸によって僧は
仏と法と僧を繋いだのだ

その後　僧は信者たちの腕に
腕輪のように糸を巻いた
仏の加護を祈ったのであろう
若者たちは帰って行った

僧と経文と信者たちは
糸によって結ばれている

経典を読み終ると　僧は糸をまきもどす

わたしは若い頃は
いわゆる儀礼は嫌いだった

今も　好き　というわけではない
だが　人の営みは　所詮
このようなままごとのような
ものでしかないのではないか
と思うようになった

九曜に供物を差し出せば
無病息災であると　人々が
信じている　と私には思えない
お祓いをすれば大丈夫などと
思っているひとも
まずないだろう

僧は若者ひとりひとりの腕に糸をまく　仏の加護があるようにと祈りながら
シームアン寺院　ヴィエンチャン　ラオス

それでも人はそのような願い事をする
それは迷信ではないと思う
さまざまな不幸に接する時の
心構えを確かめているのであろう

若い時　わたしは
お祓いなどは信じなかった
今も信じているわけではない
年をとって批判的精神が
衰退してしまったというのでもない
ただ　人の願いは大切なものだ
と思うのだ

儀礼は貪りを募らせることを意味しない
またそうあってはならない　しかし
聖なるものの前で行われる
つつましい願い事は
許されるべきだと思う

シロ おウチに帰るのよ
ここがおウチだ

参考文献

立川武蔵　一九八六『曼荼羅の神々』ありな書房

――　一九九〇『女神たちのインド』せりか書房

――　一九九六『マンダラ』学習研究社

――　一九九七『マンダラ瞑想法』角川書店

――　二〇〇六『マンダラという世界　ブディッスト・セオロジーII』講談社

――　二〇〇八『ヒンドゥー神話の神々』せりか書房

――　二〇〇九『ヒンドゥーの聖地』山川出版社

――　二〇〇九『聖なる幻獣』集英社

――　二〇一三『ブッダから、ほとけへ』岩波書店

――　二〇一五『マンダラ観想と密教思想』春秋社

――　二〇二一『仏教史』1、2　西日本社

平川彰　一九七四『インド仏教史』（上巻）春秋社

松長有慶（解説）一九八一『マンダラ』毎日新聞社

水野弘元　一九七二『仏教用語の基礎知識』春秋社

宮地昭　一九八一『インド美術史』吉川弘文館

Goudriaan, T./ C. Hooykaas, 1970, *Stuti and Stava*. North-Holland Publoshing Company.

Lokesh Chandra / M. Tachikawa/ S. Watanabe (Compiled), 2006, *A Ngor Mandala Collection*. Vajra Publications.

Tachikawa, M./ M. Mori/ S. Yamaguchi, 2000, *Five Hundred Buddhist Deities*. Adroit Publishers.

Tachikawa, M./ M. Ito/ T. Kameyama, 2016, *Mandala Deities in the Niṣpannayogāvalī*. Vajra Publications.

著者略歴

立川 武蔵（たちかわ むさし）
一九四二年名古屋に生まれる。
名古屋大学教授、国立民族学博物館教授、愛知学院大学教授を経て、現在、国立民族学博物館名誉教授、八事山仏教文化研究所長

神たちの食事 ―供養の時―

発行日　二〇二三年三月三日
著者　立川武蔵
装丁　河村岳志
編集・本文組版　石川泰子（編集工房ｉｓ）
印刷・発行　株式会社あるむ
〒四六〇―〇〇一二
名古屋市中区千代田三丁目一番一二号　第三記念橋ビル
電話　（〇五二）三三二―〇八六一
ＦＡＸ（〇五二）三三二―〇八六二

Printed in Japan
ISBN978-4-86333-192-1